Patienter patiemment

Sandrine Rabineau

Patienter patiemment

LE LYS BLEU
ÉDITIONS

ISBN : 979-10-422-2175-1

À mon fils, Esteban

5 mai 2004

Nous sommes dans la salle d'attente de mon gynécologue. Situation banale sauf que pour nous elle ne l'est pas…

Flash-back

C'est en juillet 2000 que j'obtiens mon ticket d'entrée pour le monde de l'enseignement. Quelle n'est pas ma surprise lorsque je découvre mon lieu d'affectation : académie d'Amiens. Non pas que je sois nulle en géographie, mais cette région française m'est complètement inconnue. Et surtout je vais me retrouver à six cents kilomètres de mon chez-moi, loin des miens.

Je me souviens encore des paroles de la formatrice de l'Institut Universitaire de Formation des Maîtres lors de la première réunion d'information aux tout jeunes enseignants que nous étions. Nous venions tous d'horizons différents et lors d'un tour de table de présentation, connaissant à présent mes racines bretonnes, la formatrice me lance « Ah ils sont loin les chalutiers bretons ! »

Quelque temps avant cette première rentrée scolaire, je partais à la recherche d'un logement. Mon père m'accompagnait dans ce nouveau périple. Quelques mois auparavant il me soutenait par sa présence à mes côtés lors de mes épreuves orales du concours. À l'époque mes parents et moi ne savions pas encore qu'une autre épreuve nous attendait : celle des « au revoir » !

Lors de mon départ définitif en septembre, je revois la mine déconfite de mes parents, le visage baigné de larmes de ma mère. Je suis leur unique enfant. Épreuve difficile pour eux que de me voir larguer les amarres et me savoir seule dans une ville inconnue.

À vrai dire je n'étais pas seule. Mon chien faisait partie des bagages et de ma nouvelle vie. Ensemble nous allions explorer cette ville inconnue.

Bien que déracinée j'étais heureuse de ma vie professionnelle. J'y trouvais rapidement un équilibre. Mes parents me rendaient souvent visite et de mon côté les vacances scolaires me permettaient le retour aux sources si essentiel à mon équilibre.

Un évènement vint cependant bouleverser celui-ci. Lors des vacances d'été 2001, je fis la rencontre de celui qui, par la suite, deviendra mon mari. Et pourtant rien ne prédisposait à cette rencontre, car j'étais persuadée que ma vie amoureuse se déroulerait là où je vivais.

D'ailleurs quelques semaines après cette brève rencontre je reprenais la route vers ma terre d'exil.

Aux vacances suivantes, au mois d'octobre 2001, je contactais Yann afin de le revoir. Seule ma maman était dans la confidence.

Cette seconde rencontre fut une évidence : Yann et moi nous étions trouvés.

Rencontre prometteuse et fusionnelle : nous voulions avancer ensemble et vite.

Et c'est ce que nous avons fait puisque depuis notre rencontre notre vie n'a été qu'une avalanche de projets. Tout s'est très vite enchaîné. J'ai pu obtenir mon affectation dans le Finistère en juin 2002. Cet été-là, nous avons acheté un appartement. L'été suivant nous nous sommes mariés. La vie nous souriait. Il nous semblait que rien n'aurait pu ternir cette belle vie qui s'offrait à nous…

Endométriose[1] : qui es-tu ?

Et pourtant si nous sommes ici dans cette salle d'attente ce 5 mai 2004, c'est parce que le ciel est nuageux.

L'enfant que nous désirons si fort depuis si longtemps, depuis 2 ans, refuse d'entrer dans notre vie.

Lors de notre emménagement dans notre nouvel appartement, nous y avions préparé sa chambre, car nous pensions qu'il allait faire partie de notre vie aussi vite que l'avait fait notre amour.

En mai 2003 j'arrête la pilule. J'avais peur d'être enceinte pour notre mariage en juillet 2003. Je craignais que mon ventre de femme enceinte m'empêche d'enfiler ma robe de mariée. Arrêter la contraception deux mois avant nous paraissait raisonnable.

À l'automne, je consulte mon gynécologue qui me prescrit un boostant : clomid, que je prends pendant deux mois. J'espérais doper ma fertilité, mais mes espoirs sont déçus.

---

[1] L'endométriose est une maladie gynécologique qui concerne une personne menstruée sur 10.

Au printemps suivant, je réalise une hystérographie[2] qui permettra de voir si mes trompes sont opérationnelles. De cette consultation je sors soulagée, car le radiologue ne détecte aucune anomalie sur les clichés.

Mon corps semble bien fonctionner. Mes inquiétudes sont moindres.

Aujourd'hui nous consultons à nouveau pour d'éventuels autres examens, car les mois se succèdent, les années défilent et bébé n'est toujours pas là.

Dans cette salle d'attente, je feuillette un magazine et je tombe sur un article dont le sujet est l'endométriose. À sa lecture je m'aperçois que les symptômes de cette maladie correspondent aux miens : règles très douloureuses, fortes douleurs abdominales, difficulté à rester debout…

« Drôle » de coïncidence lorsque mon gynécologue examine mes radios d'hystérographie effectuées deux mois auparavant : il y voit des lésions d'endométriose[3].

---

[2] Examen radiologique permettant de visualiser les trompes de Fallope après injection d'une substance opaque aux rayons X (contenant de l'iode). www.vulgaris-medical.com.

[3] L'**endométriose** est une maladie définie par la présence, en dehors de l'utérus, de fragments de muqueuse utérine (endomètre) ou tissu endométrial, comprenant des glandes et du stroma (tissu servant à soutenir, protéger et relier entre eux les nerfs, les vaisseaux sanguins et lymphatiques qu'il contient). Après l'ovulation, la muqueuse utérine s'épaissit pour se préparer à une éventuelle nidation d'un ovule fécondé. En l'absence de fécondation, les règles surviennent. En cas d'endométriose, certaines cellules de l'endomètre migrent en dehors de l'utérus et se déposent sur d'autres organes de l'abdomen, où elles provoquent une réaction inflammatoire et forment des lésions et des cicatrices. Les lésions d'endométriose présentent les mêmes caractéristiques que la muqueuse utérine. Elles sont donc sensibles aux hormones ovariennes (estrogènes) et à chaque cycle menstruel, elles se développent et saignent. C'est pourquoi on qualifie l'**endométriose de maladie estrogéno-dépendante**. L'endométriose se manifeste ainsi chez les femmes en âge de procréer (c'est-à-dire en période d'activité génitale), parfois dès la puberté et les premières règles. C'est une maladie chronique qui régresse à la ménopause. www.ameli.fr.

Tous deux sortons de cette consultation déconcertés, désemparés et abasourdis par les annonces du gynécologue. Notre insouciance primaire commence à s'envoler et la pose du diagnostic de l'endométriose nous effraie.

Je me renseigne sur internet et découvre que beaucoup de femmes sont atteintes de cette maladie et souffrent d'infertilité.

Au fil de mes recherches, je découvre, outre l'infertilité, d'autres conséquences touchant les femmes atteintes d'endométriose.

Des images de souvenirs anciens surgissent et défilent devant mes yeux : j'ai quinze ans lorsque je m'effondre de douleur dans le salon de mes grands-parents chez lesquels j'étais venue déjeuner ce jour-là après l'école. Je me souviens que les douleurs étaient très fortes, si fortes que dans la rue, prise de malaise, j'avais peiné à atteindre leur maison. Ma grand-mère, affolée, avait contacté le médecin qui, afin d'apaiser ma souffrance, m'avait administré de la morphine mélangée à de l'eau.

Mes souvenirs sont encore aujourd'hui très vifs tant ma douleur l'était également.

C'était le début d'une longue série de maux liés à l'endométriose. Mais je ne le savais pas encore.

J'ai seize ans et chaque mois je suis absente aux cours au lycée au rythme de mon cycle menstruel. Impossible pour moi de me lever, de rester debout, je reste couchée en me tordant de douleur. J'essaye d'adopter des positions qui réduisent mes souffrances. Mais en vain ! Même la bouillotte et les coussins de soie que ma mère posait délicatement aux endroits douloureux ne parvenaient pas à faire taire le mal. C'est comme si un ennemi invisible m'assaillait de coups de couteau. Et pire encore me lacérait l'intérieur de l'abdomen sans laisser de traces apparentes. J'ai longtemps comparé cette douleur si vive à une araignée tissant sa toile en moi. C'est une maladie silencieuse, mais terriblement handicapante.

La nausée m'accompagne aussi pendant ces quelques jours mensuels.

Aux souffrances physiques s'ajoute le flot abondant des règles. Je les nomme les vilaines. Ce terme leur convient parfaitement.

Face à mes souffrances, ma mère m'accompagne chez sa gynécologue. Selon celle-ci, les douleurs dues aux règles sont tout à fait normales chez une adolescente. Il faudra espérer que cela passe avec le temps.

Par la suite mon médecin généraliste me prescrira divers médicaments pour cesser ou du moins atténuer mes douleurs. Mais cela se révélera inefficace. Je consulte à nouveau plusieurs gynécologues qui auront le même discours que la première gynécologue. Chose courante que d'avoir des douleurs abdominales quand on a ses règles ! De plus, rien n'est décelé sur les clichés d'échographie. L'une de ces médecins me dira que je devais certainement être douillette.

Alors j'essaie d'apprivoiser ces douleurs, les anticiper pour m'y préparer psychologiquement et tenter de mieux les vivre physiquement. Chaque mois, j'ai mal. Je vis avec.

Aujourd'hui j'ai 31 ans et je viens d'apprendre que je souffre d'endométriose. Je peux enfin mettre un mot sur les maux dont je souffre depuis tant d'années.

Aujourd'hui je pense à toutes ces professionnelles de la santé qui m'avaient assuré de la normalité des douleurs. Et je m'adresse à elles silencieusement : Non ! Non ce n'est pas normal d'avoir des règles si douloureuses ! Non je ne suis pas douillette ! Cette araignée porte un nom et elle tisse sa toile en moi autour d'elle. Cet assaillant invisible ne l'est plus. Je suis juste atteinte d'une maladie, invisible aux yeux de tous certes, mais bien réelle. Elle porte un nom : c'est l'endométriose.

L'été approche et j'ai peur : je dois subir une cœlioscopie[4] le 21 juin. Suite à la découverte des lésions d'endométriose sur ma radio, cette intervention a été prescrite par mon gynécologue. Son but est de déceler les endroits exacts où se logent les lésions d'endométriose et de les éliminer.

J'ai peur de l'inconnu, peur de la suite des évènements. Dans ma petite tête naïve, je me dis que bébé aura un ventre tout propre où y mettre son nid. Je reste positive malgré tout !

Été 2004

Une semaine après la cœlioscopie, de cette opération ne reste que deux petites cicatrices. L'infirmière est venue ôter les fils qui dépassaient de mon nombril.

Après l'intervention, j'avais pris connaissance de mon compte-rendu opératoire.

« On constate d'emblée l'existence d'éléments endométriosiques dans le cul-de-sac vésico-utérin (…) il existe des points d'endométriose sur les ligaments utéro sacrés et on retrouve à la face postérieure de l'ovaire droit un élément endométriosique de 5 mm de diamètre qui fait l'objet d'une électrocoagulation (…) tous les éléments endométriosiques des

---

[4] C'est un examen permettant de visualiser la cavité abdominale, préalablement percée puis distendue (gonflée) par un gaz (CO_2) après la pénétration d'une sonde. www.vulgaris-medical.com.

ligaments utéro sacrés et du cul-de-sac vésico-utérin (6 éléments de 1 à 2 mm) sont électrocoagulés à la pince bipolaire (…) il ne semble pas exister d'endométriose intraovarienne (…) on retrouve sur le bord gauche de la cavité utérine un petit polype endométrial qui est réséqué à la curette (…) au total : polype muqueux intracavitaire et endométriose de stade II, traitement postopératoire analogue pour 6 mois. »

Cette dernière information m'avait interpellée. Et en effet, après l'opération, mon gynécologue m'a annoncé que j'aurais un « petit » traitement de 6 mois sous la forme de deux injections à effet prolongé afin de mettre mon corps au repos. Il m'est difficile d'entendre cela : je vais être ménopausée à trente et un ans. Et surtout pas de bébé possible pendant six longs mois. Pour moi ce sont beaucoup d'informations à digérer, à accepter. Je ne les accepte pas.

Je n'y étais pas préparée. Pourquoi ne le suis-je pas ? Pourquoi ne pas m'y être préparée ? Pourquoi l'équipe médicale ne m'en a pas parlé au préalable ? Pourquoi dois-je y faire face seulement aujourd'hui alors que je me sens déjà fragilisée par tant de choses ? N'aurait-on pas pu me communiquer le déroulé complet des opérations concernant mon corps ? Oui, car il s'agit bien de mon corps, de ma vie.

Pourquoi passer sous silence ces explications essentielles à une meilleure appréhension de la part du patient ?

J'approuve la technicité de la médecine, mais je condamne son manque de communication ou la froideur et le caractère abrupt de certaines annonces.

L'Art de communiquer est une compétence essentielle.

L'Art se définit comme « Habileté, talent, don pour faire quelque chose. Toute activité, toute conduite considérée comme un ensemble de règles, de méthodes à suivre »[5].

Communiquer est le fait de « faire passer quelque chose à quelqu'un pour qu'il en prenne connaissance »[6].

Ces deux notions liées sont réellement indispensables surtout pour les étudiants en médecine ne possédant pas déjà en eux une once d'empathie.

Communiquer est un acte méconnu pour certains.

En ce sens, au sein de leur formation, les étudiants en médecine devraient pouvoir bénéficier de davantage de cours leur permettant d'exercer convenablement la profession de soignant. Un meilleur encadrement des élèves infirmiers devrait être proposé.

Peut-on traiter le corps sans l'esprit ?

À cette question, le philosophe Platon répondait dans les Charmides :

On ne peut guérir la partie sans soigner le tout. On ne doit pas soigner le corps séparé de l'âme, et pour que l'esprit et le corps retrouvent la santé, il faut commencer par soigner l'âme. Car c'est une erreur fondamentale des médecins d'aujourd'hui : séparer dès l'abord l'âme et le corps.

La communication, et pas seulement le soin, est vitale à la survie psychologique du patient. Car, il ne suffit pas de disposer de technologies les plus sophistiquées de diagnostic et de thérapie. Les nouvelles connaissances de neurobiologie permettent d'affirmer que l'un des médicaments les plus efficaces pour les patients réside dans les paroles et les gestes

---

[5] www.larousse.fr.

[6] www.larousse.fr.

d'autrui. Notre cerveau est capable de transformer la communication en biologie.

Développer cette culture de la communication est le gage d'une qualité essentielle de la relation médecin-patient, le gage d'une confiance partagée.

Personne ne m'a avertie que je serais ménopausée. Personne ne m'a avoué que je serais contrainte d'attendre avant de pouvoir essayer de concevoir un bébé. D'ailleurs, aucune aide psychologique ne m'a été proposée.

Mon cœur, mon cerveau, mon être tout entier refusent cette réalité. Mais en ai-je vraiment le choix ?

Le lundi 28 juin, c'est ma première injection d'Enantone[7].

Cet été nous partons dans le sud du Portugal. Je m'initie aux joies du body surf. Passer des heures dans l'eau me permet de fermer les yeux face à ce corps qui ingurgite des hormones ! Les effets de celles-ci se font sentir très rapidement : mon ventre, très gonflé, ressemble à une brioche et les nuits chaudes portugaises ajoutées à mes sueurs de femme ménopausée me deviennent vite insupportables.

---

[7] Ce médicament contient une substance active, la leuproréline, qui a la même action qu'une hormone naturelle (la GnRH). Cette hormone contrôle la production d'autres hormones : la testostérone, les œstrogènes et la progestérone.
L'utilisation sur une longue durée de ce médicament permet d'arrêter la production des hormones sexuelles (testostérone, œstrogène et progestérone) aussi bien chez l'homme que chez la femme et l'enfant.
Il est utilisé : chez l'homme, dans certaines maladies de la prostate et des os, seul ou associé à des rayons (radiothérapie), chez la femme, dans le traitement de l'endométriose. Base-donnees-publique.medicaments.gouv.fr.

Je suis mal dans ma peau ! Parfois je me demande à qui appartient ce corps qui me semble étranger au mien. Les hormones le contrôlent. Seul le fait de barboter avec ma planche me fait oublier ces désagréments ! Quand il s'agit de revenir sur la terre ferme, mon moral est au plus bas !

Septembre 2004

La date de ma seconde injection approche à grands pas, mais j'ai déjà pris la décision de ne pas renouveler l'expérience. En effet, devant les effets dévastateurs du traitement sur mon corps et mon esprit, je refuse cette seconde injection d'énantone. Mon gynécologue nous donne alors le feu vert pour bébé dès le retour de mes règles.

Janvier 2005 – Été 2005

Mes règles se font attendre puisqu'elles n'arrivent que le 1er janvier, quatre longs mois après l'arrêt du traitement. Depuis janvier les mois se succèdent au rythme irrégulier de mes cycles, au rythme d'espoirs et de déceptions. Je mets beaucoup d'énergie à noter scrupuleusement les dates clefs de mon cycle. Je vais même jusqu'à acheter sur internet de nombreux tests d'ovulation.

Au printemps j'ai un cycle de trente-sept jours. L'attente est insoutenable et le verdict décevant.

En mai nous faisons le test de Hühner[8] afin de vérifier la qualité de ma glaire cervicale.

Nos résultats à ce test sont excellents.

En juin, nous consultons à nouveau mon gynécologue. Je lui parle des inséminations. Nous mettons en place le protocole. Je persiste à croire en une grossesse naturelle, mais le verdict est toujours le même.

Malgré tout, Yann et moi continuons d'avancer. Nous quittons l'appartement en y laissant ton prénom gravé dans les murs. Nous faisons l'achat d'une maison dans laquelle nous entreprenons de gros travaux. Avancer tel est notre leitmotiv.

En août nous partons aux Baléares. Yann et moi avons toujours beaucoup voyagé. Nous n'avons jamais mis en « stand bye » ces périodes de vacances si indispensables à notre bien-être. Les vacances ailleurs étaient notre bouffée d'oxygène dans notre quête de bébé.

---

8 Épreuve pratiquée en cas de stérilité, comportant la recherche de spermatozoïdes dans la glaire du col de l'utérus, 24 heures après un rapport sexuel. La glaire cervicale permet aux spermatozoïdes de remonter en direction de l'ovule et de féconder celui-ci. Le spermogramme, qui consiste à analyser le sperme, complète le test de Hühner pour la recherche d'une cause de stérilité. Ce test a été mis en évidence par l'américain Max Hühner en 1913.www.vulgaris-medical.com.

3 années se sont écoulées
et tu n'es toujours pas là…

Timides premiers pas vers le protocole d'inséminations[9]

La première insémination a lieu en septembre 2005. Elle est réalisée sur un cycle spontané par mon gynécologue à son cabinet. Mon gynécologue devra simplement veiller si un pic d'hormone lutéinisante (LH)[10] s'est produit ce qui signifiera que l'ovulation naturelle a bien eu lieu. Or lorsque je me rends chez mon gynécologue pour réaliser l'échographie de contrôle de mes follicules, j'ai déjà ovulé. Je m'en doutais, mais je suis déçue. Encore un rendez-vous raté avec mon corps…

Le protocole d'insémination avec traitement est mis en place pour la suite. Je suis un traitement hormonal. Dans la première partie de mon cycle, je reçois un traitement inducteur de l'ovulation dont les effets seront suivis en effectuant une échographie et des dosages hormonaux. On m'injectera de l'HCG (hormone gonadotrope chorionique) en milieu de cycle pour déclencher l'ovulation.

---

[9] L'insémination artificielle est l'introduction de sperme dans les voies génitales féminines, dont le but est de combattre l'infertilité. Cette technique consiste à déposer du sperme (frais ou ayant été conservé par congélation dans l'azote liquide) provenant du conjoint ou d'un donneur, au niveau du col de l'utérus ou de préférence dans l'utérus lui-même. www.vulgaris – medical.com.

[10] Hormone stimulant la production de progestérone des follicules ovariens, ainsi que l'ovulation www.vulgaris-medical.com.

Le 6 octobre il est grand temps de faire l'injection de déclenchement. Ma première insémination a lieu le lendemain à midi.

Je suis stressée, mais mon stress vient plus du fait d'arriver à temps à mon travail que l'acte en lui-même.

Je sais d'entrée de jeu que cela ne fonctionnera pas par manque de rigueur au niveau des contrôles et des délais.

En effet, le processus requiert une surveillance étroite basée sur les résultats d'échographie et de dosages sanguins. J'ai perdu toute confiance en mon gynécologue. Je ne supporte plus son côté inhumain et commercial.

Lors d'un rendez-vous en juin, il nous avait dit que, puisque nous avions l'air pressés, il allait nous orienter vers un centre de Procréation Médicale Assistée.

Oui, l'attente est longue ! Comment ne pas « être pressé » d'agrandir sa famille ? 3 ans d'attente, c'est long pour ceux qui la vivent.

Le mois suivant il m'est impossible de réaliser ma seconde insémination puisque c'est un jour férié et le cabinet de mon gynécologue est fermé.

Je décide donc de m'adresser à un centre de PMA (Procréation Médicalement Assistée) afin d'obtenir un rendez-vous.

Entre-temps a lieu ma seconde insémination. Le 30 novembre, jour de la Saint-André. Mon père, se prénommant ainsi, me dit que cela nous portera chance. J'ai envie de lui dire « Papa, maintenant je n'imagine plus. Imaginer m'est interdit. Je vis au rythme de mon cycle, de ce que veut bien me dire mon ventre ». Je lui dis simplement « Désolé Papa, mais les vilaines sont encore là ! »

Il y a bien longtemps que mon monde imaginaire n'est plus peuplé de ces petites choses qui caractérisent les futurs parents comme l'annonce de la bonne nouvelle. Plein d'idées avaient fleuri dans mon esprit comme demander à l'infirmière du laboratoire d'écrire au stylo sur mon ventre « Papa, je suis là ! » ou encore remplir notre hall d'entrée de petits pots et de couches.

Il y a bien longtemps que je ne me creuse plus la tête pour trouver des idées originales. À quoi bon ?

Blasée, aigrie et lasse sont les adjectifs qui me qualifient aujourd'hui. Ce bébé qui n'est pas là en est responsable. C'est injuste, mais c'est ainsi.

Je suis épuisée, je ne parviens même plus à rêver. Et pourtant cette dimension fantasmatique est essentielle dans cette longue errance, car elle permet de maintenir l'espoir.

Demain j'attends avant tout que ce médecin du centre de PMA nous comprenne, nous écoute tout simplement. J'espère ne pas être déçue une nouvelle fois.

Lundi 5 décembre 2005

Notre rendez-vous a été à la hauteur de mes espérances. « Vous voulez que l'on s'occupe de vous ? » : oui c'est simplement ce dont nous avons besoin. L'aspect humain est primordial dans cette longue traversée. Et puis je ne peux plus penser par moi-même, à ce que je dois faire pour avoir un bébé. Je dois laisser ce fardeau à quelqu'un d'autre. Ce quelqu'un d'autre c'est la médecine qui, grâce à des techniques de procréation, peut contrôler les corps.

Se savoir entre de bonnes mains, savoir que ce qui est réalisé l'est fait rigoureusement, car rien n'est simple lorsque l'on entre dans ce processus médical : il faut sans cesse consulter, « écarter les jambes », faire des examens pas toujours agréables. La pudeur est depuis longtemps laissée de côté. Par contre ce que l'on ne peut éviter c'est cette présence constante de la difficulté d'avoir cet enfant.

Nous ne sommes plus comme ces couples qui, désirant un enfant, sont heureux de ce désir et insouciants. Bien sûr on compte les jours, on repère les dates importantes. Ensuite l'inquiétude commence à nous gagner avec le temps qui passe tel un compte à rebours.

Cette inquiétude prend le dessus et la longue série d'examens commence et l'enfer avec.

La liberté c'est quand l'enfant sera là.

Je désire plus que tout cette liberté, liberté de corps et d'esprit. Sentiment étrange que de se sentir libérée d'une menace qui pèse comme un orage sur nos têtes, d'un étau qui serre nos entrailles, d'une profonde tristesse qui nous empêche de sourire.

J'attends cette libération avec impatience. Mon enfant, où es-tu ? Toi si présent en moi et pourtant je ne peux encore te serrer dans mes bras.

Il y a trois ans nous tapissions ta chambre dans notre appartement. Lorsque nous avons vendu notre appartement, cette pièce qui t'était destinée était devenue mon bureau.

Affronter cela n'est pas simple. Il faut être doublement fort : fort à deux et fort dans sa tête.

Dans notre couple nous avons chacun notre façon de réagir face à cette difficulté de concevoir notre bébé. Moi j'ai tendance à parler, déverser mes mots, mes larmes. Toi, tu m'écoutes inlassablement. Moi je me surprends à rêver encore en passant dans les rayons de vêtements de bébé. Toi, tu ne veux même pas y jeter un œil. Te réserves-tu ce droit-là quand bébé sera là ? Moi je m'extasie devant des nourrissons, toi tu les évites.

En route pour la PMA[11]

Janvier 2006

Mon ventre me tiraille. Abus des fêtes ou règles ? J'ose croire que je suis barbouillée, simplement barbouillée.

J'ose croire à une bonne nouvelle. J'ose penser que je n'aurais ni traitement à ingurgiter, ni insémination à faire, ni attente à avoir, ni déception à subir. J'ose croire à tout cela.

Ai-je encore le droit d'oser croire ?

Dans notre parcours j'ai toujours tout anticipé. Cela me permet d'aller de l'avant et faire que le tourbillon du temps soit plus doux. Aujourd'hui je pense déjà à l'après-insémination. Que va-t-on faire ?

Je refuse catégoriquement la Fécondation in vitro. Je sais que le traitement de ce protocole est lourd. Je ne veux pas qu'on prenne possession de mon corps. Lorsque j'étais ménopausée artificiellement, je n'étais plus moi-même. C'est comme si je n'étais plus dans mon corps ou plutôt comme si mon corps n'était plus mien.

---

[11] Procréation médicalement assistée (PMA). L'assistance médicale à la procréation (AMP) peut permettre à un couple hétérosexuel ou à un couple formé de 2 femmes ou à une femme non mariée d'avoir un enfant. Il existe différentes techniques prises en charge, sous certaines conditions, par l'Assurance maladie. www.service- public.fr.

Aujourd'hui j'ai peur. Peur de l'échec, peur de devoir poursuivre ce combat.

Je scrute sans cesse les signes avant-coureurs d'une éventuelle grossesse. Je suis persuadée que si j'étais enceinte, mon corps me délivrerait ce message. Il me le fait bien savoir quand j'ai mal alors pourquoi ne serait-il pas porteur de bonnes nouvelles !

C'est drôle, mais ce qui m'aide dans ce périple ce sont les prédictions des voyantes que j'ai consultées. Toutes disent la même chose : je serai maman.

Je repense souvent à l'une des cartes de tarot représentant un arbre tout nu, décharné, sans feuilles : cette carte que j'avais tirée, cette carte représentant l'automne et la venue de bébé.

Aujourd'hui les arbres ont perdu toutes leurs feuilles. Serai-je maman avant l'arrivée du printemps ?

Des cierges brûlés dans une église… un livre de contes de ma propre enfance… des mots et des mots d'encouragement… des paroles riches d'émotion. Merci à vous, Maman et Papa. Merci à vous qui me soutenez. Merci de faire l'unique chose que vous puissiez faire pour moi : m'aimer et me faire savoir que malgré tout je ne suis pas seule.

Mon ventre continue ses tiraillements. Je déteste plus que tout cette période de mon cycle. Impossible de lâcher prise puisque mon corps est là pour me rappeler les choses.

Mon père a ramassé les feuilles de chêne et de châtaignier qui jonchaient le jardin. Il en a fait des petits tas alors je repense toujours à cette fameuse carte de tarot. Lorsque les arbres auront retrouvé leurs habits, aurai-je moi-même revêtu l'habit de Maman ?

Nous sommes en pleins travaux dans la maison. Les heures défilent vite et je n'ai pas le temps de penser. Le temps court, mais nous aussi. Il faut avancer.

Tu ne seras pas là naturellement : nous entamons le protocole d'insémination artificielle.

Lors de notre entretien dans le centre de PMA, le médecin nous avait longuement expliqué le déroulé du protocole. Celui-ci démarre par une première étape : la stimulation ovarienne. Elle commence au début du cycle menstruel jusqu'au dixième ou douzième jour du cycle. Cette stimulation a lieu dans le but d'augmenter les chances de réussite, car la stimulation garantit le développement d'un ou deux ovocytes.

Déjà trois piqûres de Puregon[12] et déjà mal aux ovaires et dans les reins. Pourquoi faut-il que j'aie mal pour que tu sois là ? Je me suis renseignée auprès de l'infirmière qui m'a confirmé que les douleurs dues à la stimulation étaient normales. Signe positif qui révèle que mon corps réagit au traitement. Cela devrait me conforter dans la réussite du protocole, mais cette première expérience d'insémination avec traitement me rapproche encore plus de mon refus de la Fécondation in vitro.

Sincèrement, je m'imagine mal infliger à mon corps ces misères physiques pendant des mois. Me rendre à ces visites hebdomadaires à la clinique et courir ensuite jusqu'à mon lieu de travail craignant un retard me semble inconcevable sur du long terme.

---

[12] Ce médicament contient une hormone qui stimule les organes de la reproduction. Chez la femme, il facilite l'ovulation et favorise le développement des follicules contenant les ovules. Il est utilisé chez la femme dans le traitement des troubles de la fertilité : pour stimuler la croissance de plusieurs follicules chez les femmes ayant recours à la fécondation in vitro ou à d'autres techniques de procréation assistée. Base-donnees-publique.medicaments.gouv.fr.

Quel parcours du combattant ! J'étais bien loin de m'imaginer que concevoir notre petite famille serait aussi long et douloureux physiquement et moralement.

Mais malgré le côté médical, notre enfant sera réellement issu de l'amour que Yann et moi avons l'un pour l'autre. Si un jour tu lis ces lignes, tu comprendras à quel point nous nous sommes battus pour que tu sois là.

Vendredi 20 janvier 2006

Que de stress et d'émotions cette semaine !

Mardi matin je me suis rendue à la clinique pour une première échographie de contrôle et une prise de sang.

Il s'agit de la seconde étape du protocole d'Insémination artificielle avec sperme du Conjoint. Un suivi complet de la stimulation à travers des échographies et des analyses de sang est réalisé par le spécialiste.

Mon réveil a sonné avec une heure de retard. Moi qui voulais arriver tôt pour éviter de faire la queue…

Arrivée sur le parking de la clinique, après être sortie de la voiture, je me rends compte que j'ai oublié de serrer le frein à main. Ensuite, impossible de mettre la main sur mon ordonnance : elle était sur le trottoir, trempée et déchirée. Où avais-je la tête ?

C'est impressionnant de se retrouver soi-même au milieu de toutes ces femmes qui subissent la même chose que soi. Dans cette salle d'attente, l'atmosphère est pesante, les visages sont fermés pour la plupart. Aucune parole, aucun dialogue et pourtant nous aurions sujet à échanger.

Pour le gynécologue c'est un travail à la chaîne. Chaque femme prend son tour pour réaliser l'échographie. Aucun nom n'est prononcé, on passe l'une après l'autre dans l'ordre d'arrivée. Puis on descend au labo voir les infirmières pour la prise de sang. L'après-midi il me faudra contacter le secrétariat afin de connaître la suite des évènements.

Le traitement est fatigant. J'ai l'impression de traîner un gros poids et d'avoir le bas ventre prêt à exploser. J'ai des douleurs lancinantes à longueur de journée.

Je passe par des moments de doute : « Tout cela va-t-il vraiment aboutir à quelque chose ? » à des moments de quiétude presque de sérénité. « J'ai confiance, je vous fais confiance ».

Nous vivons au rythme de mon cycle, plus que jamais, ou plutôt au rythme de la clinique.

La semaine prochaine et la suivante il n'y aura ni infirmière, ni visites à la clinique, ni coups de téléphone à passer. Il y aura juste l'attente.

Le compte à rebours est lancé. Mes follicules ont atteint le nombre et la taille adéquats. Il est 18 h 40. L'infirmière est venue il y a quarante minutes me faire l'injection de déclenchement : la dose d'hormone HCG qui provoquera l'ovulation. L'insémination est programmée lundi.

Cette semaine, il m'est arrivé quelque chose de fantastique : j'ai enfin été reconnue professionnellement. Cela me revigore et me procure une force incroyable et j'ose espérer que cela va m'aider dans mon attente. Mon énergie mentale est reboostée. Quoi de plus important que le mental dans cette partie de boxe ?

Moi qui me sentais abattue, doutant de mes capacités et de mes valeurs, moi qui menais ma barque sans trop savoir vers quelle rive me diriger, moi qui avançais malgré tout sans grande conviction… cet évènement m'a remise sur pied et aujourd'hui j'ai confiance en moi.

Cette note positive ne peut être que le début d'une portée à connotation semblable.

Lundi 23 janvier

Il est 8 h. Dans trois petites heures a lieu notre troisième insémination. J'ai un nœud dans le ventre. J'ai du mal à maîtriser l'angoisse qui me ronge : je redoute la douleur des inséminations précédentes et je ne connais pas le médecin. Je ne me suis jamais mise à nue devant lui… Yann est parti faire son don de sperme. Ce n'est pas très romantique, mais au moins c'est indolore.

Cet échantillon de sperme est préparé dans le laboratoire de la clinique afin d'optimiser sa qualité et de renforcer les chances de fécondation. Les spécialistes sélectionnent les spermatozoïdes les plus mobiles, les plus robustes.

L'insémination, notre troisième, ou devrais-je plutôt dire notre première vraie, s'est déroulée en douceur.

Nous n'avons plus rien à faire si ce n'est attendre. Je me retrouve désœuvrée, face à moi-même avec comme simple indicateur mon corps.

Mon corps saura-t-il me délivrer un message ? Va-t-il se taire pour une fois ou va-t-il m'annoncer un nouveau message ?

Mon cœur vacille entre espoirs et désespoirs. Je redoute un nouvel échec. La clinique, les piqûres, l'attente, tout cela est un cycle infernal. Lorsque l'on y rentre, on s'y sent piégé.

Je m'interroge beaucoup sur mon corps. Pourquoi n'es-tu pas prêt à l'accueillir ?

La quête que nous menons est très difficile, car elle passe par multiples périodes et le pire est que jamais nous ne lâchons prise. Elle fait partie de notre vie à tous les deux. C'est une douleur commune, un espoir commun.

Dans quelques jours nous connaîtrons le verdict. Es-tu là ? J'aimerais que tu me fasses un signe. J'attends ce signe depuis si longtemps déjà. Yann me disait que cela fait trente-deux fois que nous sommes déçus. Trente-deux est un bien petit chiffre quand on y pense, mais sur la durée il se révèle gigantesque.

Patienter patiemment… Est-ce réalisable ? Patienter avec courage, force et ténacité, oui.

Jeudi 2 février

L'attente se poursuit. Les douleurs que je ressens dans les ovaires vont et viennent sans être permanentes. Je me sens prisonnière de mon corps et de mes pensées. J'aimerais pouvoir m'évader. Sortir de ce corps ce serait échapper à cette réalité que nous vivons.

Dimanche 5 février

Tu n’es pas là…

Lundi 6 février

Ce matin à la clinique, j'ai revu certains visages déjà croisés auparavant. Pour elles non plus, cela n'a pas fonctionné. Elles aussi ont dû être déçues. J'ai une pensée pour les autres femmes, celles que je n'ai pas revues ce matin : qu'en est-il pour elles ?

Deux choix nous sont présentés ou plutôt trois : nous poursuivons sans conviction, nous arrêtons ou nous persistons avec foi et courage. Nous optons pour ce dernier même si reprendre les traitements ne me fait pas sourire.

Dimanche 12 février

Seize follicules : voilà le résultat de mon échographie. C'est encourageant !

Samedi 17 février

Cette semaine a été très éprouvante. Je me suis rendue trois fois à la clinique. Si je fais l'inventaire des examens subis ce mois-ci, ils s'élèvent à 5 prises de sang, 4 échographies et 12 piqûres de puregon.

J'ai revu des visages connus dans la salle d'attente, mais j'y ai aussi rencontré d'autres femmes, d'autres histoires. Nous parlons peu ou alors nous échangeons des banalités telles que « tel gynécologue n'est pas doué pour les échographies ou antipathique ou encore telle infirmière n'est pas délicate pour les piqûres ». Beaucoup de femmes suivent le protocole de Fécondation in vitro… je ne souhaiterais vraiment pas devoir arriver à ce stade-là.

Le jour de l'insémination approche et j'ai peur. Surtout ne rien attendre, surtout ne faire aucun calcul, car le corps, même s'il est sous traitement, fait ce qu'il lui plaît, ce qu'il peut, ce qu'il veut.

Yann et moi sommes épuisés. Ce rythme imposé nous fatigue moralement et physiquement. Ce qui est harassant c'est cette attente, car même si nous nous laissons guider par la clinique, chaque prise de sang, chaque échographie est un pas vers l'avant.

Les paroles des gens me révoltent. « Réfléchissez bien avant d'avoir un deuxième enfant, le concevoir proche du premier est très fatigant » : comment peut-on me tenir ce genre de discours, à moi qui ne sais même pas ce que c'est d'être maman. « Il faut être zen et lâcher prise », « ça va venir, il n'y a pas de raison » : combien de fois ai-je dû entendre ces phrases, combien de fois ai-je dû me retenir pour ne pas hurler ma tristesse face à ces personnes qui les ont proférées. Les gens sont maladroits, indélicats, mais surtout ignorent ce que nous vivons.

Vendredi 24 février

Il y a déjà cinq jours que nous avons réalisé notre quatrième insémination. Depuis, mon esprit est peuplé d'interrogations, de doutes et aussi d'espoirs. Est-ce la fin de notre combat ?

Mon esprit est sans cesse occupé et préoccupé par ce que nous désirons le plus : un bébé. Je suis en position d'attente, car il me faut attendre tant bien que mal. Plus le temps file, moins je m'imagine Maman. Auparavant mon imagination galopait au travers des frontières. Aujourd'hui elle est dans son enclos.

Lundi 27 février

Ah ! Ces douleurs aux ovaires que je connais et reconnais si bien. Je sais déjà que cette insémination est un échec. Jusqu'où vais-je devoir aller pour que tu sois là ?

Chose étrange : alors que d'habitude j'anticipe, cette fois-ci, je ne vois pas de cinquième insémination. Au fond de moi je sens qu'il faut passer à autre chose. Il faut oublier les inséminations et prendre le chemin tant redouté de la Fécondation in vitro, le palier supérieur. J'avais toujours refusé que l'on s'y aventure. Il y a quelques mois je disais même à Yann que je préférais m'orienter vers l'adoption plutôt que de m'engager dans ce processus médical. Pour quelles raisons : la peur de souffrir ? La peur de perdre pied ?

J'ai peur que mon corps subisse trop de dégâts avec les lourds et contraignants traitements hormonaux.

Le chemin rocailleux de la fécondation in vitro[13]

Rendez-vous pris avec le médecin le 16 mars 2006.

Dans mon esprit, les sentiments sont confus. J'aimerais que tout cela soit banni de ma vie. J'aimerais ne plus utiliser les termes « follicules », « purégon », « échographie », « ovulation », « tu es à J combien ? J'aimerais que mon esprit cesse de tergiverser. D'un côté je souhaite plus que tout être libre et libérée de tout cela. D'un autre côté, je sais que pour atteindre cette liberté et libération il me faut emprunter ce chemin tortueux qu'est la Fécondation in vitro. N'est-ce pas un paradoxe très cruel ?

Tout ce que nous traversons depuis ces trois longues années nous a ôté l'innocence et le plaisir. Je veux bien croire que le bonheur s'attrape pas à pas, mais comment faire pour qu'il ne s'envole pas ? Comment parvenir à que ce parcours du combattant ne devienne pas le centre de notre vie. Comment faire pour continuer à exister ?

---

[13] Une FIV (Fécondation in vitro) correspond à la méthode de procréation médicalement assistée, qui consiste à prélever un ovule chez une femme, à le faire féconder en laboratoire, et à le replacer ensuite dans la cavité utérine (l'utérus) de la femme, qui a donné l'ovule (ou parfois d'une autre femme). www.vulgaris-medical.com.

Je ne sais pas réellement quand nous allons commencer la FIV. Ce que je sais c'est que, malgré tout, nous avançons. Nous escaladons cette montagne si féroce tels deux alpinistes. Le sommet n'est pas si loin. Il nous faut parfois affronter tempêtes et avalanches qui nous font certes reculer, mais pour mieux avancer, main dans la main.

Je sais que nous empruntons le bon chemin. Alors je vais tâcher de ne pas m'égarer dans les ténèbres. Mes ténèbres à moi ce sont le repli, la tristesse qui envahissent tout mon être et contaminent mes proches. Ne pas me laisser emprisonner dans cette attente. Parvenir à l'effacer c'est parvenir à vivre, à exister. Vivre sans oublier de vivre, ne pas oublier de respirer.

Mercredi 8 mars

Ce mois-ci je ne « suis » aucun traitement. Je ne cours plus. Non, je ne cours plus après les cycles. Le calendrier de mon cycle s'est dégreffé de mon cerveau. Cette période je la vis comme une période de sursis avant le lourd labeur qui nous attend. Je souhaite que cet état d'esprit perdure et soit la clef qui permettra d'ouvrir l'accès à ce que nous attendons depuis si longtemps.

Nous avons dit au médecin notre désir de commencer le processus FIV. Il nous proposait de poursuivre les inséminations, mais lorsque je lui ai dit que nous étions déjà inscrits à la réunion d'information sur la FIV il m'a répondu que dans ce cas ce n'était plus la peine de réaliser des inséminations, car « lorsque l'on fait quelque chose il faut y croire », et ce n'est plus notre cas concernant les résultats d'inséminations. Il nous a mis en garde sur le taux de réussite des FIV « 25 % ». Il a bien insisté sur le fait que la Fécondation in vitro n'est pas la solution miracle, que les échecs existent malheureusement.

Parallèlement, nous prenons la décision d'entamer une procédure d'adoption si la FIV échoue. Cela nous laisse le temps d'y réfléchir encore, car ce n'est pas une décision qui se prend comme ça sur un coup de tête.

À vrai dire, la première fois que j'ai songé à l'adoption et que j'en ai fait part à Yann c'était il y a déjà plusieurs mois avant nos tentatives d'insémination. À ce moment-là, Yann n'était pas prêt. Aujourd'hui il dit l'être. Nos tentatives infructueuses d'insémination montrent que la Procréation Médicalement Assistée n'est pas la garantie du succès.

Mercredi 28 mars

Hier nous avons assisté à la réunion d'information concernant la FIV. Assister à cette réunion est obligatoire : elle fait partie des éléments constitutifs du dossier des candidats à la FIV.

Lors de cette réunion, le médecin a expliqué les différentes étapes du déroulement d'une FIV : injection de Décapeptyl au 20e jour du cycle pour freiner l'activité des ovaires (ménopause artificielle) pendant trois semaines, injections de Puregon pour booster les ovaires et donc contrôle toutes les 48 heures. Le déclenchement se fait et 36 heures après nous prenons le chemin du bloc opératoire ou est effectuée la ponction. Puis la dernière étape est le transfert, c'est-à-dire que le médecin va placer dans ma cavité utérine un ou deux embryons. Entre chaque tentative il faut laisser un laps de temps de trois cycles afin que le corps se repose et que les ovaires passent de la taille pamplemousse à la taille de noix. Tout ce que nous avons entendu nous le savions déjà. Nous étions une vingtaine de couples. C'est fou, mais un couple sur cinq rencontre des problèmes pour concevoir un enfant.

Autres éléments obligatoires devant constituer notre dossier : bilan complet pour Yann et rencontre avec un psychologue et le biologiste de la clinique.

Vivre sans oublier de vivre. Ce désir de bébé inassouvi ne doit pas prendre possession de nous et de notre vie. Ne pas s'égarer dans ces eaux troubles et stagnantes de l'attente, ne pas s'enfoncer dans ces marécages et y perdre pied jusqu'à y être englouti. Pendant ces trois années précédentes, j'ai été habitée par divers sentiments : le stress, la colère, l'injustice, la rancœur. Aujourd'hui un bon nombre d'entre eux ont disparu ou se sont atténués. Le stress est toujours présent, mais je ne ressens plus ni colère, ni injustice, ni rancœur. J'ai confiance en l'équipe médicale et je reste positive.

Agir, toujours agir tel est mon leitmotiv. Bien sûr je traverse des moments où le désir si fort d'être maman et l'incapacité à l'être surtout prend le dessus, mais je pense avoir appris à patienter plus sereinement.

Aujourd'hui je savoure ma vie sans traitement, sans visite à la clinique et je profite de ce moment d'accalmie qui m'est offert.

Carpe Diem…

Mercredi 19 avril

Notre rencontre avec le biologiste a eu lieu hier : c'est le dernier élément manquant à notre dossier FIV. Durant cet entretien le biologiste nous fait part des conclusions de nos analyses et nous questionne sur nos antécédents familiaux et médicaux.

Pour ma part il m'a parlé de disovulation vu que mes cycles varient de vingt-six à trente-sept jours. Il a d'ailleurs sous-entendu qu'une insémination sans stimulation ovarienne, donc sans contrôle, était inappropriée dans mon cas.

Cet entretien s'adresse plus à l'homme. D'ailleurs j'ai dû contenir un fou rire lorsque le biologiste a expliqué à Yann comment se palper les testicules une fois par mois. Et aussi lorsque s'adressant à Yann :

— Avez-vous remarqué un testicule plus bas que l'autre ?

— Non.

Et là le biologiste se tournant vers moi très sérieusement :

— Et vous Madame ?

J'ai cru que j'allais éclater de rire. Je plaisante, mais il est vrai que ce n'est pas très drôle d'étaler le descriptif de son anatomie. Et puis nous ne voyions pas en quoi cela intervenait dans notre infertilité.

Il est vrai que depuis longtemps je suis habituée à laisser ma pudeur de côté. Il y a deux ans j'avais consulté un ostéopathe. J'avais fait une séance de techniques internes et je me souviens encore de la gêne que j'avais éprouvée à ce moment-là. Pour un homme, chose inhabituelle que de se mettre à nu.

Lundi 24 avril

Top départ : l'infirmière est venue me faire l'injection de décapeptyl[14]. L'aventure peut commencer.

Demain, nous nous envolons pour la République dominicaine. Un peu de répit avant la FIV ! Je parviens à profiter de cette semaine de détente au soleil.

À mon retour, lors d'une échographie de contrôle, le médecin me dit que tout va bien et que mes ovaires sont vitaminés au rhum !

Au bout de quinze jours, je me sens mal dans ma peau. Mon ventre est gonflé et j'ai très mal à la tête. La nuit j'ai de fortes sueurs qui me réveillent. J'ai hâte de passer cette étape de ménopause et d'entamer la seconde phase du protocole. J'ai le sentiment d'avoir le visage bouffi. Ces changements physiques sont difficiles à accepter.

Dimanche 21 mai

Cela fait presque un mois que j'ai commencé le protocole FIV.

Quatre semaines de traitement équivalent à dix-huit jours de bouffées de chaleur, de sueurs nocturnes, dix piqûres de stimulation ovarienne, trois échographies et quatre prises de sang.

---

[14] Ce médicament contient un analogue de la GnRH, une hormone de synthèse qui agit sur les organes de la reproduction. Ses effets sont réversibles à l'arrêt du traitement. Il est utilisé chez la femme dans le traitement des troubles de la fertilité, en association avec d'autres médicaments, dans le cadre d'une fécondation in vitro (dosages à 0,1 mg et 3 mg), www.vidal.fr.

Comment avons-nous vécu ces quatre semaines ? Très sereinement je pense, sans stress et sans projection.

Depuis ma cinquième piqûre, je sens mon ventre gonfler. Il est vrai que mes ovaires ont changé de taille. Je ne dirais pas qu'elles s'apparentent à des pamplemousses, mais plutôt à des pêches.

Dans la salle d'attente de la clinique, en discutant avec d'autres femmes, j'ai ressenti le stress que j'ai déjà pu éprouver auparavant. Entendre des mots tels que « ponction » et « transfert » génèrent chez moi une boule de stress. Ces femmes avaient déjà vécu deux FIV. Moi je suis la petite novice.

Les arbres dans notre jardin ont revêtu leur feuillage neuf, d'un vert éclatant. Le printemps est bien là… Les oiseaux sont de nouveau à se chamailler autour de la petite maison que Yann leur a conçue. La pelouse est parsemée de petites pâquerettes et de boutons d'or. Le printemps montre qu'il est présent et pourtant toi tu n'es pas encore dans mon ventre. Je songe très souvent au passage des saisons et à leur connotation.

Yann me dit souvent son impuissance face à la situation. Mais la façon dont il se comporte avec moi m'est d'une grande aide. D'un naturel très attentionné, il l'est encore plus en ce moment. Je me sens comprise et soutenue.

Dans moins d'une semaine, on va me transférer deux embryons. À quoi, à qui vais-je penser lorsque je serai au bloc opératoire ?

Demain Yann appellera le secrétariat de la clinique pour connaître le jour de déclenchement. Les coups de téléphone c'est une tâche attribuée à Yann puisque mon emploi du temps professionnel ne me permet pas d'appeler. Je ne déconnecte jamais avec le traitement : le passage quotidien de l'infirmier ainsi que les visites fréquentes à la clinique me rappellent sans cesse ce que nous vivons.

Le forum d'une association sur l'endométriose a ouvert ses portes. Il s'agit d'une association regroupant des femmes souffrant d'endométriose. Il s'agit d'Endofrance. J'ai fait sa connaissance il y cela deux ans lorsque j'effectuais des recherches par internet sur l'endométriose. Grâce au forum, j'ai pu dialoguer, échanger avec de nombreuses femmes, dont une, avec qui j'ai échangé beaucoup de mails et de coups de téléphone. Pour elle, les choses ont avancé plus vite puisqu'elle est aujourd'hui l'heureuse Maman d'un petit garçon de dix mois. Dans mon entourage c'est la valse des naissances…

J'ai le physique d'une femme enceinte, mais je ne le suis pas.

Mon abdomen est énorme et douloureux. Lacer mes chaussures me demande un effort considérable. J'ai investi dans des crèmes de toutes sortes : anticellulite pour le ventre et le corps ; anti-vergetures pour la poitrine, qui, à force de subir des variations de volumes, laisse apparaître des petites stries. Je ne sais pas si ces crèmes seront d'une véritable efficacité étant donné que ma prise de poids est médicale.

Mercredi 24 mai

Il y a une semaine je faisais mon ultime prise de sang et échographie avant l'injection d'Ovitrelle (le déclenchement). Ma ponction est programmée ce jour. Nous devons nous présenter à la clinique entre huit et neuf heures. La ponction est un acte médical que je redoute.

Lorsque nous nous présentons au service maternité, il n'y a plus de chambre de disponible. L'infirmière nous conduit dans un petit salon, le temps qu'une chambre se libère. Je suis très angoissée, j'ai peur. Yann me quitte, le temps de réaliser de son côté ses examens. Je me retrouve seule dans ce salon, face au va-et-vient des infirmières, au passage des brancardières qui conduisent les patients au bloc. J'écoute le message qu'une amie m'a gentiment laissé ce matin à huit heures trente. L'émotion me submerge, je pleure.

Une aide-soignante me demande si j'attends quelqu'un. OUI ai-je envie de lui répondre !

Elle me conduit à la chambre 129. Là je troque mes vêtements contre une chemise de bloc. L'infirmière vient me poser une perfusion et m'annonce que nous sommes 7 femmes à être ponctionnées ce matin et que je suis la dernière. Mon angoisse s'accroît. Il n'est que neuf heures quarante-cinq et je vais devoir attendre jusqu'à midi.

Yann me rejoint à dix heures. Avec lui, je craque, je pleure comme un bébé.

Une demi-heure plus tard, l'infirmière arrive en courant pour m'administrer le décontractant. En même temps la brancardière est là. Mon cachet n'aura pas le temps de faire effet. Tant pis !

Je me retrouve au sous-sol à attendre mon tour. Dans l'ascenseur je croise une femme que j'ai déjà croisée dans la salle d'attente et à la réunion d'information sur la FIV. Je lui fais un signe, elle me répond le pouce levé.

Je prends mon tour face au bloc où opèrent le médecin et son équipe. Je suis la sixième ponctionnée, la septième ne tarde pas à arriver. Il s'agit d'une femme rencontrée à deux reprises. On discute un peu et la cinquième ponctionnée sort du bloc. C'est à moi ! Mon stress grandit.

Le médecin est là ainsi que le biologiste et deux infirmières.

Une fois installée sur la table, le médecin tente de me détendre au maximum : « On travaille en musique, Julio, ça vous plaît ? » et moi de répondre « Vous n'avez pas plutôt le fils ? »

Le médecin procède avant tout à la toilette en me précisant que le plus désagréable de tout c'est la toilette et non la ponction. Je suis tellement stressée que je bouge mon corps de haut en bas. Le médecin me demande si j'ai des actions chez Otis.

La ponction commence du côté gauche, le médecin remet les seringues pleines de liquide folliculaire au biologiste qui donne les résultats à voix haute : cinq ovocytes. Puis vient l'ovaire droit : sept ovocytes. Même si je suis endormie localement, car ils m'ont administré deux piqûres dans le col de l'utérus, je ressens un pincement à chaque ponction.

Le médecin me raccompagne jusqu'à l'ascenseur où m'attend mon chauffeur. Dans l'ascenseur je souffle de soulagement. Ce que je redoutais le plus est achevé et de plus la récolte a été bonne.

Lorsque j'entre dans la chambre, Yann se lève. Il est pâle et a les traits tirés, mais son visage se décontracte lorsque je lui dis que tout va bien. Il est onze heures trente. Je pourrai rentrer chez nous à quinze heures.

Le biologiste passe nous remettre un document sur lequel est inscrit le nombre d'ovocytes recueillis : quatre matures et huit immatures. Il nous faudra attendre vendredi matin à huit heures trente pour connaître le jour de transfert et le nombre d'embryons.

Le lendemain de la ponction, je me réveille avec un terrible mal de ventre. J'appelle le secrétariat de PMA. La secrétaire m'annonce que nous avons sept embryons et que le transfert aura lieu lundi. Il me faudra rappeler lundi pour connaître l'heure du transfert. Je lui explique mes maux de ventre. Par précaution elle me dit de venir faire une échographie.

Lors de celle-ci, rien d'anormal si ce n'est un épanchement de la paroi intra-abdominale : je fais une hyperstimulation. Le médecin me prescrit repos et limitation de la consommation de boissons.

Lundi 29 mai

Le transfert de nos deux embryons a lieu aujourd'hui. L'infirmière tend à Yann la seringue contenant nos deux bébés. Je ne réalise pas vraiment que j'ai deux embryons dans mon ventre qui vont peut-être se développer. J'ai de nouveau une série de dix piqûres.

Lundi 5 juin

Il ne nous est plus permis d'espérer puisqu'elles sont arrivées aujourd'hui. C'est cruel toute cette attente pour avoir, au bout du compte, rien, aucune récompense.

Hier soir, j'ai commencé à avoir quelques pertes très minimes. Cette nuit, je me suis adressée à mes bébés en leur implorant de ne pas s'en aller, de ne pas me quitter. Je leur ai dit que nous avions besoin d'eux, que nous les attendions depuis si longtemps. Et puis ce matin les saignements minimes ont fait place aux vrais saignements.

Nous ne sommes que lundi… une petite semaine seulement s'est écoulée depuis le transfert. Une semaine où notre espoir de devenir enfin parents naissait de jour en jour, une semaine durant laquelle nous avons parlé de notre vie avec notre bébé, une semaine emplie d'espoir.

Nous avions construit, durant cette semaine, un château de cartes, mais celles-ci sont aujourd'hui éparpillées et volent au vent.

Ce matin, lorsque j'ai annoncé à Yann que je perdais beaucoup de sang, beaucoup trop pour espérer, il a pleuré et s'en est immédiatement excusé. Je sais que sa déception est grande. Cela fait cinq semaines que nous vivons cette première FIV.

Dehors, le soleil brille. Les nuages, eux, se sont emparés de mon cœur, de mon être tout entier. Laissons passer la tempête…

Mercredi 7 juin

Le soleil n'est pas totalement réapparu sur mon visage. Quelques nuages perdurent dans mon cœur. Dans quelques jours je devrais faire la prise de sang qui confirmera ce que je sais déjà. Je me sens seule avec moi-même.

Je repars sur un cycle normal et si mes règles sont là début juillet, nous pourrons envisager un Transfert d'Embryons Congelés (TEC). De cette première FIV sont nés six embryons dont deux transférés il y a à peine dix jours. Les quatre autres sont au congélateur ! Le TEC se déroule de la même façon que la FIV : stimulation ovarienne, contrôles réguliers avec prises de sang et échographies et déclenchement le jour propice. L'unique différence, et qui n'est pas des moindres, est que, contrairement à l'insémination, le « gros » du travail est déjà effectué puisqu'ils m'implantent des embryons et non du sperme.

La seule chose qui puisse arriver est que les embryons ne survivent pas à la décongélation.

Yann et moi allons également tenter de nouveau les essais naturels. Lorsque l'on entre dans le processus de la Procréation Médicale Assistée, nous sommes tellement absorbés par le médical que l'on ne pense plus qu'à la venue de bébé que grâce aux techniques de procréation et nous oublions complètement ce pour quoi le corps d'un homme et celui de la femme sont faits.

Depuis ma ponction, ayant été alitée, j'ai pu naviguer sur internet et m'immiscer dans le clan des « Pasteurettes », nom donné aux femmes suivies en PMA dans la clinique. Dans un forum consacré à la stérilité et à l'infertilité, ces femmes échangent entre elles, déversent leurs désillusions, conseillent, consolent et font part de leur propre parcours. Je me rends compte du nombre de couples en manque d'enfant. Je me rends compte également de la chance que Yann et moi avons, la chance que des embryons se forment. Certaines femmes, après avoir subi tous les désagréments du traitement, se voient annoncer qu'aucun embryon ne s'est formé. Elles se voient refuser l'entrée au droit de porter en elles ce qu'elles désirent le plus.

Lorsque j'ai effectué ma ponction, nous étions sept femmes. Que sont-elles devenues ? Comment évolue leur FIV ? Quel est leur état d'esprit ?

Vendredi 9 juin

Je ne pensais vraiment pas que le fait d'aller faire ma prise de sang allait me plonger dans un tel état. Je crois qu'aujourd'hui je réalise l'échec de la FIV. Je me retrouve face à la réalité.

Les résultats sont prévus à dix-sept heures. Je n'aurais pas la force d'aller les chercher seule, je n'aurais pas la force de décacheter l'enveloppe et de lire encore et toujours le négatif.

Nous irons ensemble.

Mardi 27 juin

L'échec de la FIV a été pour moi une chute vertigineuse de laquelle je pensais me relever rapidement. Mais la réalité est toute autre puisque le fait d'être passée par tout ça me fait presque oublier ce bébé si désiré. Le médical prend le dessus et nous happe. C'est comme si je perdais pied dans la réalité. J'ai du mal à imaginer que la semaine prochaine il faut reprendre le combat. Je n'ai vraiment plus l'âme d'une guerrière, j'ai baissé la garde et mes dernières cartouches sont épuisées.

Je ne parviens plus à positiver. Plus le temps passe et avec lui les échecs, plus il m'est difficile de me relever sans difficulté. Je repense souvent à ce que Yann m'a dit un jour : « C'est l'histoire d'un homme qui doit franchir des portes, il en a marre, il fait demi-tour alors qu'il ne lui restait plus qu'une porte à franchir ». Mais le pauvre homme ne savait pas qu'il avait presque atteint son but. Tout comme nous, nous ne savons pas quand tout cela s'arrêtera et nous sommes peut-être proches de notre quête.

Alors je me dis qu'il ne faut pas rebrousser chemin et continuer à repousser chaque porte. Parfois j'ai l'impression que certaines portes sont bloquées et plus difficiles à ouvrir que d'autres ou alors que la distance séparant deux portes est grande. Mais nous sommes deux et à deux tout est plus facile. Parfois l'un de nous s'égare et l'autre vient le rechercher pour avancer ensemble. Yann me tend souvent la main et cela m'évite de tomber. Il ne doit pas s'en rendre compte, mais il m'a empêchée de trébucher plusieurs fois sur ce chemin tortueux et escarpé. Nous sommes deux à combattre, car oui il s'agit d'un combat.

Dans mon cas, je dirais que c'est un combat quotidien, car il n'y a pas une seule journée où je ne pense pas à toi.

La quatrième année d'attente
s'achève comme les précédentes...

La voie de l'ostéopathie

Jeudi 20 juillet 2006

Yann et moi nous jetons corps et âme dans les travaux d'agrandissement de notre maison. Nos enfants fouleront-ils le sol de celle-ci ? Les chambres de l'étage accueilleront-elles des pleurs, des cris d'enfants ? Les murs seront-ils ornés de dessins d'enfants ?

Je ne peux concevoir ma vie sans enfant. Je ne peux me résigner. Je ne peux pas me persuader que tant pis on n'aura pas d'enfant ! Pensée impossible pour moi...

Je ne sais pas si c'est le signe du destin, mais la clinique est fermée pour congés d'été. Je ne pourrais réaliser mon TEC qu'en septembre. Yann est heureux de ce temps de repos. Mes sentiments à moi oscillent entre soulagement et insatisfaction. D'une part, je me sens apaisée, car je suis fatiguée. Je vais pouvoir donner un temps de repos à mon corps. Mon corps, qui, ces derniers temps, a subi beaucoup de traumatismes, nécessite un temps de répit. D'autre part je reste avec ce désir inassouvi et le fait de devoir mettre entre parenthèses les traitements m'éloigne de ma quête. Le passage du temps me rend malade et je ne parviens pas à me détourner des mois et des années qui défilent.

Il y a à peine une semaine que j'ai fait sa connaissance : Jean-Pierre. Il soigne les corps et ses blessures : il est ostéopathe. Il me dit que chacun a le droit à sa part de chance sur terre.

Octobre 2007

Que de temps écoulé ! Les mois filent et les années aussi puisque cela a fait 5 ans que nous espérons… Yann et moi avons décidé de quitter l'univers médical et les traitements. Je suis entre les mains d'un ostéopathe que je vois très régulièrement. Mes douleurs se sont atténuées. Je parle des douleurs physiques liées à l'endométriose. Ces douleurs, si anciennes et si présentes dans ma vie, qu'elles sont devenues chose banale.

L'ostéopathe panse mes blessures physiques. Cependant je manque d'espoir. On dit que l'espoir fait vivre. Eh bien moi je vis sans !

Auparavant je percevais un horizon plus ou moins proche ou lointain, mais je le voyais cet horizon. Aujourd'hui, je ne sais plus, je ne vois plus, je suis aveugle. Je sens la tristesse s'emparer de moi. Ce lourd fardeau m'empêche d'être heureuse. Le porter m'est devenu insupportable. Y penser me plonge dans un profond désarroi. Quand vais-je être enfin libre ?

Pourquoi n'ai-je pas hérité d'un autre corps ? Pourquoi n'ai-je pas un corps sain ?

Et si je n'avais pas eu ce corps, où en serais-je aujourd'hui ?

Hier j'ai rencontré une maman qui m'a confié qu'elle se faisait du souci pour sa fille. Celle-ci, ayant été adoptée, rentre dans la période de l'adolescence et sa mère adoptive craint des difficultés. Je me suis demandé : qu'a vécu cette femme ? Dans quelles circonstances a-t-elle décidé d'adopter ? Après combien d'années de souffrance s'est-elle orientée vers ce choix ?

La maison est silencieuse. Je ne rêve que d'une chose : entendre des cris, des pleurs, des rires.

Mais la maison reste silencieuse. Je me plonge dans le travail. Pour éviter de « mal » réfléchir, je passe des heures à travailler.

Mes questionnements sont légitimes. Est-il possible que je guérisse un jour ? Yann supporte – t-il de me voir ainsi ? N'enfouit-il pas des sentiments qui risqueraient de me blesser ? Serons-nous une famille un jour ? Ma vie quotidienne est ainsi faite, d'interrogations et de suppositions.

Je cherche jour et nuit. Surtout la nuit. Mes nuits sont interminables. Alors souvent je m'empare de mon fidèle stylo et je remplis mes cahiers de mes maux. J'y déverse mes larmes, ma frustration et mes désirs. Une nuit d'insomnie j'ai écrit ce poème à Yann. Je l'ai intitulé « Tels des xéranthèmes… », car je veux croire que pareil à celui des fleurs éternelles, le doux parfum de notre amour continuera de flotter au sein de notre couple.

J*oyeux j'ai toujours souhaité te voir*
E*panoui, à mes côtés, te sentir*

V*oilà bientôt sept ans que nous partageons nos vies,*
E*ternels nos sentiments j'ose espérer,*
U*nis, nous sommes tels des*
X*éranthèmes.*

Q*uand vais-je pouvoir te donner*
U*n enfant ?*
E*st la question qui*

__T__ourmente mon cœur et
__U__se mes pensées

__S__olide je veux être,
__O__ temps suspends ton vol !
__I__mpuissante, je me sens parfois face à la
__S__ituation qu'est la nôtre.

__H__antise est la mienne que celle de ne pas te rendre heureux,
__E__motion est la mienne quand je te vois triste,
__U__ltra sensibilité est la mienne quand tu poses sur moi ce
__R__egard qui est le tien et qui
__É__peronne mon cœur.
__U__nis, nous resterons tels des
__X__éranthèmes.

Décembre 2007

Noël approche et je ne peux m'empêcher de penser que ce sera encore un Noël sans enfant. On se dira encore « Noël prochain on sera trois ! » Cette semaine les catalogues de jouets sont passés directement de notre boîte à lettres à la poubelle.

À mon travail, une femme, qui est devenue par la suite une amie, suit le même parcours que le mien. Elle, elle n'en est « qu'aux » stimulations ovariennes. Elle va bientôt arriver à la phase d'inséminations. Je la vois, je l'écoute et je me revois il y a un an et demi. Elle semble épuisée. Elle me raconte ses petites choses : la taille de ses ovocytes, le nombre de piqûres, les bleus sur son corps, les bleus de son âme… avec l'attente et le désespoir. C'est une femme formidable et très courageuse. Je lui souhaite que cela fonctionne.

Ce matin, j'ai eu le papier pour l'arbre de Noël pour les enfants du personnel. Cela ne me concerne pas cette année. Quand serais-je concernée ? Le serai-je un jour ?

Janvier 2008

La cigogne est encore passée dans notre entourage. Je me rends seule à la clinique. Yann refuse de voir des bébés, les bébés des autres. Cette vision l'attriste trop. Mais nous savons qu'il ne faut pas se noyer dans cette tristesse. Nous avançons dans notre vie, mais notre projet de famille reste toujours au même point : au point mort. Quoi de plus frustrant que de voir ce désir inassouvi !

J'essaie de garder espoir, mais j'ai des coups durs et mon moral me joue des tours. Ma sensibilité est exacerbée. Une collègue qui se plaignait d'avoir beaucoup de travail le soir et le week-end me dit en me regardant : « pour toi c'est différent ! La vie à deux n'a rien à voir ! » Franchement, c'est une vérité que je sais déjà, mais que je subis. Inutile de me le rappeler… j'en souffre assez comme ça ! À cette époque j'ai encore beaucoup de difficultés à utiliser ma répartie dans ces situations. Ces remarques me blessent et n'existent que pour me rappeler ma condition de femme et non de mère.

À cette même époque, une autre collègue de travail enceinte et à qui je posais des questions au sujet des vêtements de femme enceinte me rétorquait : « ah ça ne te dérange pas de parler de ça vu que toi… euh… toi tu as du mal… tu sais bien ». Oui, je sais… je ne sais que trop bien que j'ai un handicap : je ne peux pas être maman. Pourquoi cette gêne presque honteuse ? Moi je n'ai pas honte de ma condition de personne handicapée. Mais cette réaction des gens fait que j'en arrive presque à ressentir cette honte.

Il est vrai que les gens ne savent pas comment réagir face à moi et à mon incapacité à être maman. Pourtant je n'ai jamais rien dit ou fait qui peut les rendre mal à l'aise. J'ai toujours participé, certes de façon passive, aux conversations concernant leur progéniture.

Cette passivité est due à ma méconnaissance du monde maternel. Non je ne sais pas ce que c'est d'être maman. Je ne sais ni préparer un biberon, ni changer une couche, ni raconter des histoires ; je ne sais pas non plus ce que veiller un enfant malade suppose ; peu importe ! De toute façon je n'ai pas besoin de ces savoir-faire et être.

Moi j'ai un emploi du temps rêvé ! Je suis libre et libérée des contraintes horaires. Yann et moi n'avons aucun échange de style « C'est toi ou moi qui allons chercher le petit à l'école ? » ou bien « Surtout n'oublie pas son doudou ! » Ce type de conversation ne nous est pas réservé. Peut-être un jour…

Je suis capable d'apprécier le bonheur des autres, de le partager.

Mais ne me demandez pas de contempler un enfant qui n'est pas mien pendant une demi-heure ! Évitez aussi de me dire que j'ai un blocage psychologique ! Non je n'ai pas peur des « petites bêtes » dans mon ventre, loin de moi, cette folle vision des embryons. Et non, Yann et moi n'avons en aucun cas pensé à avoir recours à une mère porteuse ! Et non, je n'ai jamais pensé à demander à ma propre mère de porter notre enfant !

Une nouvelle étape : l'adoption

Février 2008

Lundi 25 février, nous avons pris une grande décision : nous voulons adopter. Il est vrai que nous avions déjà évoqué l'adoption, mais sans en parler sérieusement. Nous n'étions pas prêts. Après avoir interrompu notre parcours médical, car nous ne souhaitions pas nous acharner, nous avons cheminé sur notre désir d'être parents.

Après avoir longuement réfléchi sur la notion de parentalité adoptive, nous voulons nous engager dans la procédure de demande d'agrément.

Ce qui a provoqué ce pas en avant c'est certainement le fait d'en avoir parlé avec un couple d'amis adoptants. Ils vont être parents de deux enfants nés en Colombie.

Ce même lundi 25 février, mon amie me téléphonait pour m'annoncer la nouvelle et le soir nous recevions par mail les premières photos de leurs enfants. En les contemplant, Yann me dit « Tu vois, quand je vois ces enfants, je me dis que je pourrais les aimer comme si c'était les miens ».

Le lendemain, nous contactons le Conseil Général afin d'obtenir de dossier en vue de l'agrément.

Nous n'avons pas attendu la réception du dossier pour rassembler les pièces nécessaires.

Vendredi 29 février, nous avons commandé par internet les extraits de casier judiciaire et le lendemain nous étions à la mairie de notre ville afin d'obtenir nos extraits de naissance.

Mars 2008

Lundi 10 mars, nous avons rendez-vous chez un médecin agréé : c'est la dernière pièce manquante pour que notre dossier d'agrément soit enregistré.

Nous sommes plein d'entrain… cette décision nous remet sur pied. Nous nous procurons des livres sur le parcours d'adoptants et d'adoptés.

Nous attendons depuis cinq longues années d'avoir un bébé : trois ans de traitements, deux ans de repos.

Le temps file et ce que nous attendons n'arrive pas.

L'adoption est un long parcours difficile, mais au bout il y a la lumière. Lorsqu'il y a un traitement, nous ne pouvons qu'espérer. L'adoption, elle, permet d'espérer, mais aussi de voir se concrétiser cet espoir. Je veux savoir pourquoi, pour qui nous agrandissons la maison, pour qui nous travaillons.

Il est aussi vrai que nous avons toujours en nous la possibilité d'un enfant de nous, un enfant biologique. Ce désir d'enfant biologique est toujours présent en moi et je ne sais pas s'il s'évanouira un jour. Mais, attention, nous n'avons pas choisi d'adopter dans le but de débloquer quelque chose. Nous faisons la part des choses. Beaucoup de personnes nous disent que le fait d'adopter va nous libérer et peut-être permettre que je tombe enceinte naturellement. Adopter c'est faire sien un enfant venu d'ailleurs, avec son passé, son vécu.

Hier nous avons regardé un film relatant le parcours du combattant d'un couple adoptant au Cambodge. Nous avions déjà visionné ce film, mais hier soir nous l'avons visionné avec un nouveau regard et de nouvelles émotions.

En évoquant ce film à mon travail, une personne m'a dit en éclatant de rire que ce couple en mal d'enfant était complètement fou. Il est très simple de tenir de tels propos lorsque l'on a trois enfants et qu'on les a eus sans problèmes.

Notre entourage a accueilli notre décision avec joie. Et je m'en réjouis. Même si nous sommes seuls, Yann et moi, notre famille nous soutient comme elle le peut.

Nous nous interrogeons déjà à propos de l'après-agrément. Nous pensons nous orienter vers la Colombie, car les procédures y sont très sérieuses et de plus ma connaissance de la langue espagnole facilitera les relations avec les enfants.

Demain je me rends à la poste de notre quartier munie de l'enveloppe contenant notre dossier de demande d'agrément. À la réception de ce courrier, le Conseil Général enregistrera notre demande.

Voilà quinze jours que j'ai expédié notre dossier au Conseil Général et pas un seul courrier de leur part. Nous n'avons pas besoin d'une longue missive, mais juste un petit courrier nous confirmant la réception de notre dossier.

Nos projets en jachère depuis trop longtemps refleurissent. Nous modifions les plans des travaux de la maison. Nous réservons l'étage aux enfants. Ma mère me racontait hier qu'elle nous imaginait moi et Yann et les enfants dans nos bras à l'aéroport. Mon père espère que le plus âgé des enfants ne soit pas trop petit, car il a envie de l'emmener avec lui à la pêche. Notre décision nous permet de nouveau d'imaginer et d'espérer : l'espoir d'être parents et grands-parents.

Mes parents ont également connu le genre de péripéties que Yann et moi vivons. Je ne suis apparue dans leur vie qu'au bout de dix longues années. Ma maman, considérée stérile, a subi de lourds traitements, des opérations. Elle sait ce que je vis en tant que femme. Elle est celle qui comprend ma souffrance. Elle est celle qui sait ma douleur de ne pouvoir être mère. Au bout de huit longues années infructueuses, mes parents se sont orientés vers l'adoption. Après maintes rencontres et divers interrogatoires de toutes sortes auprès d'une association de Paris, un bébé les attendait. Ils auraient pu aller chercher ce bébé si désiré et lui offrir tout leur amour. Mais la nature s'est enfin réveillée de sa longue hibernation : ma mère est tombée enceinte de moi, leur unique enfant. Pourquoi n'ont-ils pas recueilli cet enfant qui leur était destiné ? Ils craignaient de faire la différence entre le bébé issu de leur sang et ce bébé dont les origines leur étaient inconnues. Ils désiraient également offrir cette chance à un couple moins chanceux qu'eux. Déjà à cette époque, dans les années 70, devenir parents était le combat de beaucoup de couples.

Mes propres parents ont vécu ce traumatisme et le revivent à travers moi. Ma maman souffre de la situation et culpabilise. Je la rassure tant bien que mal. Notre situation l'attriste. Elle pense m'avoir transmis cette tare. Car oui être un couple sans enfant suscite bien des interrogations auprès des gens, proches ou pas.

« Pourquoi n'ont-ils pas d'enfant ? Pourquoi n'en veulent-ils pas ? Qui des deux a un problème ? » « Il serait temps de penser à agrandir la famille ? Cela fait combien de temps que vous êtes mariés déjà ? »

Ah et l'aspect psychologique. « Elle fait un blocage psychologique », « Tu verras, quand tu y penseras le moins il arrivera… » et aussi « Partez en vacances ! Cela vous fera le plus grand bien ! Bon nombre de femmes tombent enceintes pendant les vacances… et puis ce n'est pas après, avec un bébé, que vous pourrez partir… »

Mon amie et moi suivons de très près nos parcours mutuels et presque similaires. Elle aussi a fait une demande de dossier d'adoption, mais elle ne l'a pas encore renvoyé : elle est toujours suivie médicalement, son esprit n'est pas à 100 % dans le projet d'adoption. Parmi les personnes qui me comprennent le mieux., c'est elle. Nous vivons la même chose, ressentons la même chose.

Avril

Nous assistons à la réunion d'information sur l'adoption. Rien ne nous découragera, pas même un vieux film montrant les aspects négatifs de l'adoption, les difficultés rencontrées. Nous avons mûrement réfléchi à la décision d'adopter. Notre réflexion s'est nourrie de lectures, mais, grâce à nos amis adoptants, nous avons pu nous confronter au réel.

Juin

Nous attendons des nouvelles de l'assistante sociale. L'attente est longue, mais elle n'est rien par rapport à ce qui nous attend et nous en sommes conscients.

Jean-Pierre est toujours présent. Mon corps va mieux, mais ne semble pas encore prêt à t'accueillir.

6 ans, 312 semaines.

Septembre 2008

Notre premier rendez-vous avec l'assistante sociale a lieu le onze septembre. Six mois se sont écoulés depuis l'envoi de notre dossier. Notre état d'esprit en allant à ce rendez-vous n'est pas des plus gais et pourtant nous en ressortons emplis d'espoir. Enfin nous avançons. Jusqu'alors nous ne vivions que dans l'abstrait. Les paroles échangées au cours de l'entretien nous ont permis de nous projeter.

Nous pensons toujours fortement à une grossesse naturelle. Je me sens déroutée face à mes sentiments divergents. J'ai du mal à me comprendre. Je désire adopter, mais pour moi adopter c'est se résigner et se dire que l'on n'aura jamais d'enfant naturel. Je ne parviens pas à me résigner. J'ai peur, lors des entretiens qui vont suivre, de ne pas savoir exprimer ce que je ressens.

Automne 2008

L'assistante sociale vient à la maison me rencontrer. Je lui décris ma vie, mon mari, mes activités, mes envies, mes projets. Puis c'est au tour de Yann. Nous rencontrons également la psychologue qui, à l'issue du rendez-vous, devra rendre son jugement quant à notre possible parentalité adoptive.

Je redoute cet entretien. Une question en particulier me fait peur. Avez-vous fait le deuil de l'enfant naturel ? Lors de mes recherches sur internet, j'avais lu dans certains forums consacrés à l'adoption et aux démarches que certains psychologues posent cette question lors de l'entretien.

Je trouve cette question absurde, car je ne vois pas comment faire le deuil d'un enfant qui n'a jamais existé.

La psychologue ne m'a pas posé cette question.

Nous avons achevé les étapes pour l'obtention d'agrément. Il ne nous reste plus qu'à attendre la décision finale.

Liberté quand tu nous tiens…

Lundi 24 novembre 2008

Je commence à avoir des doutes sur la venue de mes vilaines. Je commence à espérer à une bonne nouvelle. Et puis, lundi en partant du travail, j'ai vu que je commençais à avoir des pertes minimes. Je suis rentrée à la maison résignée. J'ai tellement l'habitude des mauvaises nouvelles que je les avale vite. La digestion, quant à elle, est plus longue…

Mardi 25 novembre

Chose étrange. Mon corps me joue un sale tour ? Aucune perte de sang pendant la nuit.

J'ai dû causer des embouteillages aux toilettes cette journée du 25 novembre.

J'avais une peur atroce de découvrir que mes règles avaient simplement décidé de me faire patienter, une fois de plus.

Liliane, l'infirmière, me propose gentiment de venir chercher un test urinaire à l'infirmerie.

16 h 30 : je fonce dans son bureau chercher l'objet qui va me délivrer l'esprit.

L'infirmière me dira que pour la première fois elle espère que le test de grossesse sera porteur d'une bonne nouvelle. Ce qui n'est pas le cas auprès des adolescentes qu'elle accompagne au sein du collège et qui doivent réaliser un test de grossesse.

17 h : je suis dans ma salle de bain. J'arrache nerveusement le carton d'emballage du test urinaire.

Mon cœur bat la chamade.

Cinq minutes plus tard : elles sont là !

Les deux petites bandes que jamais auparavant je n'avais eu le plaisir de voir apparaître.

J'ai hurlé, j'ai ri, j'ai pleuré en serrant dans la main ma délivrance.

Mon cerveau fonctionnait à dix mille à l'heure. J'ai eu une pensée pour cette carte de tarot. J'ai pris la voiture en quête d'un cadeau pour Yann pour le lui annoncer. Je n'avais aucune idée de ce que j'allais lui concocter. Avec le temps mes idées les plus farfelues s'étaient envolées. Dans le centre commercial, je saluais et souriais à tous les passants. J'errais dans tous les rayons et aussi dans les rayons « interdits ». Je me suis même rendue dans une boutique pour enfants. J'y touchais les vêtements en disant « Ce n'est plus du rêve ! »

Lorsque je suis rentrée à la maison, j'ai présenté à Yann deux livres. Un roman et le guide du jeune papa que j'avais glissé sous le premier. Sa réaction ne s'est pas fait attendre. Il m'a prise dans ses bras et a pleuré. Moi je riais à travers ses larmes.

Je voulais que nous l'annoncions à mes parents.

Le lendemain il était prévu que je mange avec eux.

Ce soir-là, en faisant irruption chez eux, je leur ai dit : « Ce n'est pas ce soir que nous mangeons chez vous ? » Mes parents sont restés interdits. Ma mère m'a avoué plus tard qu'elle pensait que je n'allais pas bien. J'ai continué en leur disant que nous ne pourrions nous joindre à eux pendant les vacances estivales « Vous voulez savoir pourquoi ? Eh bien j'accouche au mois d'août ».

Mes parents ont été sidérés. Ma mère s'est levée, m'a prise dans ses bras. Mon père n'a pas pu bouger de son fauteuil. Annonce brutale certainement.

Je me sens malgré tout bizarre. Je ne suis pas formatée au positif. Mon cerveau a tellement été habitué à se battre que j'ai vraiment beaucoup de mal à accepter le fait que ça y est, je peux enfin baisser la garde. C'est fini !

Ou plutôt la belle aventure commence…

Épilogue

Ma grossesse n'a pas été de tout repos. Mon corps a rapidement souffert de rétention d'eau et m'alimenter a été compliqué. Les yaourts et les menus enfants d'une célèbre marque de fast-food ont été mes menus quotidiens pendant les huit mois et demi.

Mon entourage craignait des complications lors de ma grossesse, moi je n'ai jamais douté. Pas une seule fois, les craintes ne sont venues troubler cette incroyable aventure où seul régnait le bonheur.

La joie de porter notre enfant était si immense et si miraculeuse que la légèreté de mon esprit a pris le pouvoir sur l'amplitude de mon corps.

Aujourd'hui, presque quinze après, je mesure encore la chance qui m'a été octroyée, celle de pouvoir porter notre enfant et devenir maman.

Quinze ans après, souvent, lorsque j'observe mon fils à la dérobée, je souris et en silence je remercie la vie.

Mais aussi j'ai une pensée émue pour toutes ces femmes désirant être mères à leur tour et devant mener un combat dont elles ne connaissent pas l'issue.

Je pense à ces couples qui, comme le nôtre, doivent tenir bon la barre pour maintenir le cap bravant vents et marées et affrontant maintes tempêtes.

Ne vous résignez jamais ! JAMAIS.

Mon araignée est toujours tapie en moi et chaque mois elle tisse sa toile et tire sur les fils. Malgré des symptômes incapacitants, je me rends au travail et je souffre en silence.

Il y a peu j'ai appris que depuis le mois de février 2023, le gouvernement espagnol a fait des droits des femmes une priorité en instaurant un congé menstruel pour celles qui sont atteintes d'endométriose. Cela peut paraître dérisoire, mais c'est une grande avancée.

Il est temps de changer le regard sur cette maladie et ainsi la considérer comme telle. Arrêtons de fermer les yeux et de minimiser les douleurs dont souffrent les femmes atteintes d'endométriose ! Prenons soin de ces femmes qui ont tellement besoin de soutien !

En témoignant, j'ai voulu donner un sens à toutes les épreuves que j'ai traversées en tant que femme, car comme le clamait Gisèle Halimi : *Se battre est un devoir, tendre la main aux femmes une responsabilité ; convaincre les hommes de la justesse de la cause une nécessité.*

Remerciements

Un grand merci à mon mari, sans l'aide duquel je n'aurais pas pu écrire ce livre. Toujours présent à mes côtés, il a su m'insuffler le courage d'aller jusqu'au bout et a été d'un soutien inébranlable lorsque nous avons tous deux traversé ces épreuves.

Je tiens également à remercier mes parents pour leur inestimable appui et leur amour inconditionnel. Là où ils se trouvent, ils continuent à chaque instant de veiller sur moi.

Mille mercis à mes amies qui ont joué un rôle dans l'aventure de cet écrit. Elles ont toujours cru en ce projet et m'ont aidée à le porter.

Enfin je veux remercier mon fils, Esteban, de m'avoir offert l'un des plus beaux rôles de ma vie en faisant de moi une maman.

Table des matières

5 mai 2004 9
Flash-back 11
Endométriose : qui es-tu ? 13
Timides premiers pas vers le protocole d'inséminations 25
En route pour la PMA 30
Le chemin rocailleux de la fécondation in vitro 42
La voie de l'ostéopathie 59
Une nouvelle étape : l'adoption 65
Liberté quand tu nous tiens… 75

Imprimé en Allemagne
Achevé d'imprimer en janvier 2024
Dépôt légal : janvier 2024

Pour

Le Lys Bleu Éditions
40, rue du Louvre
75001 Paris